マンガで読む 小さいことにくよくよするな！

リチャード・カールソン＝原作
マツカワチカコ＝作画
トレンド・プロ＝制作

サンマーク文庫

DON'T SWEAT THE SMALL STUFF ...... AND IT'S ALL SMALL STUFF
by Richard Carlson

Japanese translation rights with comic illustrations arranged with Carlson LLC
c/o The Fielding Agency, LLC, Tiburon, California
through Tuttle-Mori Agency, Inc., Tokyo

プロローグ

ぷか
ぷか
ぷか
あー気持ちいいー
怒
不安
悲
いろいろやることが多くて疲れちゃった…
ポン
不安
私…どうなっちゃうんだろう…
部長あんな言い方しなくたって
ポン
怒り
ムカ
ムカ

朝のうちに
掃除と
洗濯が
終わらな
かった…
ポン
悲しみ
私って
ダメね…
人生は
不公平だ
思うように
ならない
ことばかり
ポン
欲求
不満
イライラ
怒
悲
怒
不安
悲
苦しい〜〜
怒
不満
苦
不安
悲しみ
焦り
人間って生き物は
たくさんのストレスを
抱えて生きてるんだね…
だけど 一つひとつ
見ると 実は
たいした問題じゃ
なかったりしない？

フッ
そんな小さいことにくよくよする必要なんてないんだ
簡単で当たり前のようなことをちょっと意識するだけで
もっともっと穏やかな気持ちで幸せに生きていけるんだけどな
そうだみんなに『小さいことにくよくよしない』方法をプレゼントしてあげよう!
!

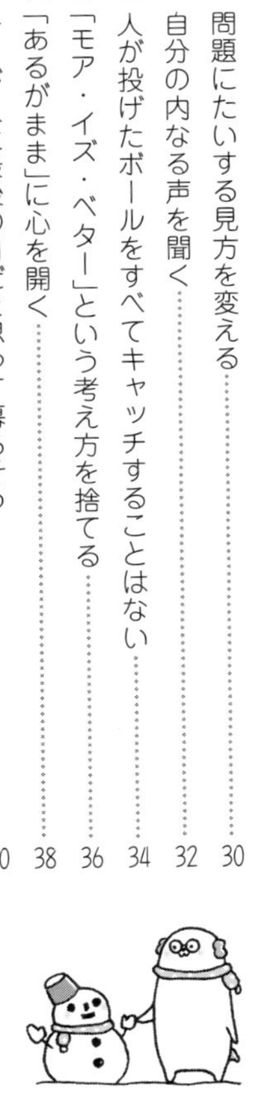

第2章

周りがいてこその自分

周りがいてこその自分……43
16 思いやりは訓練で育つ……44
17 相手に花をもたせる……46
18 たいていは相手が正しい……48
19 自分から先に手を差し出す……50
20 むかつく相手を、幼児か百歳の老人だと想像する……52
21 まず相手の立場を理解する……54
22 いい聞き手になる……56
23 親切は思いついたときに……58
24 人の行動の奥を見る……60
25 正しさより思いやりを選ぶ……62
26 人はそれぞれにちがうことを理解する……64
27 人の意見のなかには一粒の真実がある……66
28 身近な人こそ教えてくれる……68
29 親切のお返しは心のぬくもり……70
30 人のせいにするのをやめる……72

第3章

やってみよう……75
31 「人生は非常事態ではない」ととなえる……76
32 知らない人にほほえみ、目を合わせてあいさつ……78
33 思いを伝えるのは今日しかない……80
34 謙虚になる練習をする……82
35 ゴミ当番はだれの番か迷ったら、自分が行く……84
36 毎朝だれかの幸せを願う……86
37 自分なりの手助けをする……88
38 毎日少なくとも一人、いいところをほめる……90
39 頑固な思い込みを五つ書き出そう……92
40 話す前に息を吸う……94
41 ちがう視点の記事や本を読もう……96
42 一度に一つのことしかしない……98
43 十まで数えろ！……100
44 早起き鳥になる……102
45 植物をかわいがる……104

第4章

もっと気楽に

もっと気楽に …… 107
46 一年たてば、すべて過去 …… 108
47 人生は不公平、が当たり前 …… 110
48 たまにはぼんやりしてもいい …… 112
49 人生はテスト。ただのテストにすぎない …… 114
50 落ち込みは優雅にやりすごす …… 116
51 いま、リラックスする …… 118
52 予定の変更にあわてない …… 120
53 気を抜くことも大切だ …… 122
54 グラスはすでに壊れたとみなす …… 124
55 どこに行っても自分と道連れ …… 126
56 幸せはいまいる場所にある …… 128
57 目先の問題は、またとない教師 …… 130
58 百年後は、すべて新しい人々 …… 132
59 人生を愛で満たそう …… 134
60 「いちばん大切なことはなにか?」 …… 136
エピローグ …… 139

第1章

自分を見つめよう

1

完璧な人なんて、つまらない

完璧にしようとするからストレスがたまるんだよ
えっ!?
『完璧を求める思い』と『心の平和を求める思い』
ケータイに傷が
甘いモノ食べすぎた
課長が
心おだやか
おおらかに
毎日楽しい
これらは水と油相容(あいい)れない
目先の欠点を大きくとらえすぎて大きな目標を見失ってはだめだ
幸せになる
でも性格だから治らないよ…
大丈夫
簡単だよいまのままの自分でいいんだって心の中で言いきかせるんだ
そこそこ片づいた
だいたいできた
批判するのをやめればすべてはうまくいく
けっこう気が合う
いまのままのボクでいいのか
そうだよ
いまのままのキミでいい

2

成功はあせらない人にやってくる

イライラ
あせり
不安
ああ…
疲れた…
大丈夫？
自分がほしいもの
――『心の平和』を
もっていれば
自分の欲望や
願望や不安に
とらわれずに
すむよ
そうだ
不安ばかりに
気をとられて
いたかも…
落ち着いたら
やる気も出て
きた
成功は
あせらない
人にやってくる

3

頭で悩みごとの雪だるまをつくらない

夜中になにをしているんだい？
キミと同じさ雪だるまをつくってるんだ
君の悩みはもっと大きくなってしまったようだね
本当だしかも不安の雪だるまなんてつまらないよね
不安って勝手にふくれあがるんだね
おやすみ
もう考えるのはやめて眠るよ
不安が浮かんできたら
早めにストップをかけよう

4

死んでも「やるべきこと」はなくならない

……
忙しいばかりで
楽しくない…
愛する人
たちを
苦しめて
いた⁇
すべてやり
とげることに
こだわる
かぎり
心の平和は
訪れない
あっ
スッ
人生の一歩ずつの
過程を楽しみながら
愛情のある暮らしを
送ることが
大切なんだ
あなたが死んでも
『やるべきこと』は
なくならない
頼むよ
ハイ
まかせて
それはだれかが
やってくれる
できないことに
くよくよ
悩むのは
もう
やめよう

5

いま、この瞬間を生きる

いまを見てごらん
きれいでしょ
気持ちいい
私たちにコントロールできるのは『いま』しかない
散歩して帰ろう
心の安定を得るために
いま　この瞬間を意識するんだ

6

忍耐力をつける自習法

ねえねえ
パパ　これは
どうして
こうなってるの
なぜ？
どうして？
えーっと
それは
ね
大切な電話
かけたいんだけど
な〜〜　うーーん
じゃあ
ここは？
だってー
ホント？
イラ
イラ
イラ
イラ
いまが
チャンス
忍耐力をつける
自習時間だと
思ってやってみて
忍耐
……
この状況が
少しでも
ましになるなら
やってみよう

だって〜
なんでー
でも
ええ〜
やだー
ふーん
それで
忍耐
忍耐
忍耐
じゃあ
そうだね
こういうの
はどう？
忍耐
忍耐
意識を忍耐に
向けることで
いまの状況を
平静に受け
入れることが
できるんだ
たしかに
『非常事態』
じゃないいし
ここでどなったり
したら　もっと
ひどい状況に
なってたかも
パパ
ごめんなさい
きいて
くれて
ありが
とう
娘たちにも
ボクの忍耐力
が伝わった!?
時間をくぎって
訓練してね
まずは5分
から！
忍耐
いいものを
手に入れた
もっと
伸ばせる
かな!?

7

「できない」と言うとできなくなる

うまくいかない
できない
と思い込んでる
だけじゃない？
できない
無理
心配
才能ない
うまくいかない
あ…
バッ
私たちの
強力な道具だ
なにかが手に入らない
と思い込むと
自分で設定したその
ハードルを越えるのは
とても難しい
心配
いやだ
むり
才能ない
不安
できない
うまくいかない
否定的な考え方の
癖を直そう
自分で限界を
つくるだけだよ
パタン
変えられるんだ

8

ほしいものよりもっているものを意識する

いま　もうすでに
もっているものを
意識してみて
家
仕事
家族……
え…っと
そうだ
コックになりたくて
なれたんだった!!
近くにも
楽しそうな
ところあるわ
妻はいつも
おいしい料理を
つくってくれる
家に
帰ろう
料理の
研究しよう
さっそく
計画たて
なくちゃ
満足すれば
人生はより
楽しくなる
あなたは
なにを
もっている?

9

日ごろの心がけがその人をつくる

自分に正直に答えてみて
自分の時間がほしい
前から瞑想を習いたかった
そうすれば自分がなにを心がければいいのかわかってくるよ
時間がないといってつまらないTVをいつも見ていない？
瞑想習いに行こう
思いやり
親切
平和
こんないいものも
日ごろの心がけで
身につけることができる
忍耐
謙遜
いいこと思いついた!!
日ごろの心がけが
その人をつくる

10

問題にたいする見方を変える

問題にたいする見方を変えるんだ
問題
ポッ
人生の避けがたい矛盾を理解して受け入れる
ギー…ッ
多くの問題は慈愛と謙虚と忍耐を学ばせてくれる
それはあなたの成長と心の平和に欠かせない
人生は戦いではなくダンスに近い
あるがままに

11

自分の内なる声を聞く

ネガティブな感情は分析すればするほど増殖するだけだよ
ストレス
ストレス
ポン
不平
不平
不満
怒
ポン
怒
ポン
不満
不満
怒
怒
うわ〜〜〜
しっしっ
小さいことにくよくよするより 自分の感情をガイドして平静な気分に戻れないかな
もう大丈夫
ハイ地図みるー
窓を開けて風を入れよう
ウィーン
人生はあなたがそうしないかぎりは非常事態にはならないんだよ
そうだもう残業も終わって帰る途中だったんだ…
ブルブルル…
自分の内なる声を聞こう

12

人が投げたボールをすべてキャッチすることはない

投げられたボールをすべてキャッチしなくてもいいんだよ
スッ
えっ？
そうしたいときだけキャッチすればいいんだ
冷たくない？
でももう手いっぱい…
自分自身の限界を知って
キャッチしたことには責任ももたなきゃ
……
どれをいつキャッチするか自分で選ぶんだ
えーっと
いてっ

13

「モア・イズ・ベター」という考え方を捨てる

本当に
モア・イズ・ベター?
すでにもっている
ものので 幸せに
なれない?
人生をはじめて
見るかのように
見つめよう
それに
気がつけば
すでに
もっている
ものに
感謝でき
新しいものへの
感謝はもっと
深くなるだろう
もっているものと
ほしいものを
分別することだ
いい家だ…
それが
満足さっ
モア・イズ
ノット・
ベターさっ
カチャ

14

「あるがまま」に心を開く

子どもが
言うことを
聞かない
企画が
通らない
妻が
うるさい
うまく
いかない
私たちの葛藤(かっとう)の多くは
『人生をコントロールしたい
いまとはちがうものにしたい』
という欲望から生じる
悩みと格闘すれば
打ち合い続ける
ことになるだけ

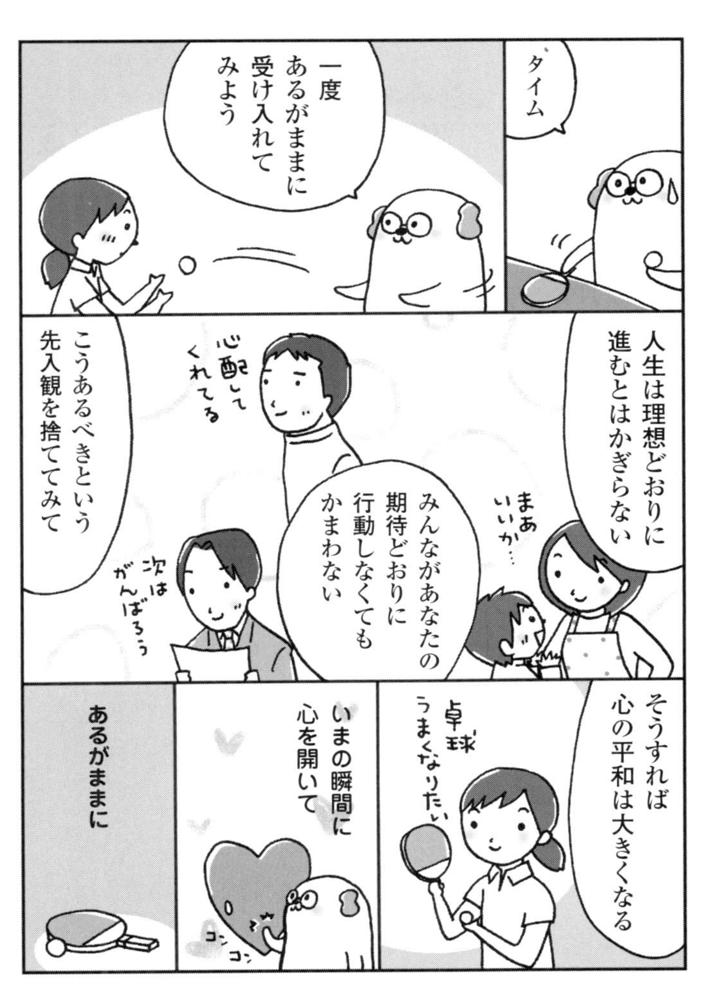
タイム
一度あるがままに受け入れてみよう
人生は理想どおりに進むとはかぎらない
まあいいか…
みんながあなたの期待どおりに行動しなくてもかまわない
心配してくれてる
次はがんばろう
こうあるべきという先入観を捨ててみて
そうすれば心の平和は大きくなる
卓球うまくなりたい
いまの瞬間に心を開いて
コン
コン
あるがままに

15

今日が人生最後の日だと思って暮らそう

心の奥で本当にしたいと思っていることはなんだろう？
本当にやりたいこと？
愛してる人にそう伝える
一人きりの時間を過ごす
親友を訪ねる
心のこもった手紙を書く
いっぱいあるのに先送りにしてしまう
人生がどんなに貴重なものか思い出してほしい
今日が人生最後の日だと思って

第2章
周りがいてこその自分

16

思いやりは訓練で育つ

思いやりは訓練で育つんだ
まずは意識すること
パカッ
自分から相手に心を開くんだ
そして行動で表すこと
手伝ってー
それにたいしてどうするか
えっと…
なにをするかよりなにかをすることが重要なんだ
思いやりはありのままの自分に感謝する気持ちを育ててくれる
できたー
やったー
クルッ
思いやりを育ててみよう

17

相手に花をもたせる

ずい分
相手との
距離が
できてるよ
大丈夫？
ハッ
注目されたい
尊敬されたい
特別に思われたい　そんな
あなたのエゴ
そうだ
おみやげに持ってきたんだ　まだ渡してない…
それを
ぐっと抑えて
会話して
みよう
あっ
ひょい
相手は
あなたと
競争
しなくて
楽になり
あなたも
ゆったりできる
というわけだ
相手に
花をもたせよう
今まで
相手の花を
もぎとって
いたのね…
ササ
ササ
ササ

18

たいていは相手が正しい

どっちもだ!!
それじゃあ ためしに 相手の 意見を 尊重してみて?
う…うん
キミの言う とおりに やってみようか
本当!? ありがとう!!
ああ
理解して くれたのね うれしいわ!! 協力して やりましょう
どうしても ゆずれない こと以外は ゆずるほうが いいな…
たいていは 相手が 正しいさっ
どうぞ どうぞ
正しい
幸せ

19

自分から先に手を差し出す

喜んでくれたんだよ
よかったね
ほんの『小さなこと』だったのに『大きなこと』に考えすぎていたみたいだね
立場やメンツよりも『幸せ』が大切なんだ
そのために取るにたりないものは水に流してしまおう
立場
メンツ
手を差し出せば相手は心を開いて応じてくれるかもしれないし
いきましょうか
はい
自分から手を差し出した満足感で穏やかになれる
どうぞ

20

むかつく相手を、幼児か百歳の老人だと想像する

その人が
幼児になった
ところを
想像する
あんがいかわいい?
ボクだって
赤ん坊のようなときも
あるか…
その人が
百歳の老人になった
ところを
想像する
よぼよぼで
死にそう…!?
ボクも
いずれは…
客観的に
見られた
かな?
うん
たいした
ことじゃ
なかったんだ…
見方を
変えて
みよう

21

まず相手の立場を理解する

相手を理解しよう
とつとめてみよう
私が思うのは……………
そうか
…………
……………
そのてんは
同情するよ
わかって
くれたのね！
それぞれの
不満が同情に
変わるんだ
あの雲は
くま??
一緒に考えて
いこう
よりよい
コミュニケーションの
ために
まずは相手の
立場を理解する

22

いい聞き手になる

こないだ行ったとこでね
ボクも行ったことあるよ
それより私の話聞いてよ――
相手の話を聞かない競争？
？
そういえばなんの話だった？
……
……
？
？
？
？
私の話聞いてなかったの⁇
ボクだって
あら じゃあ私の話は聞いててくれた？
反応する速度をゆるめて相手の話をじっくり聞いてみよう

話を途中でさえぎらない
イライラせずに
相手が言いたいことをすっかり話し終えるまで聞き手にまわろう
プレッシャーもなくなったようだね
リラックス
満足
楽しい
ちゃんと聞いてくれるとうれしい
いい聞き手になろう

23

親切は思いついたときに

思いついたときに
親切にするのは
!
見返りを求めず
与える喜びを
味わえ
人に知られず
できるのが
いい
心から出てくる行為で
ゴミが
おちてる
ぶあ
自分自身に充足を
もたらし
前向きな気持ちが
生まれ
大切なことを
思い出させてくれる
奉仕
親切
愛情
思いついたときに
親切を

24

人の行動の奥を見る

まあ　確かにボクも
ひどいものだったかな…
バシャーン
もちろんすべてを認めろということではない
コラッ気をつけなさい
ゴメンなさい…
ただ相手の行動の奥を見てみよう
かくれているのはなにて．
いらっしゃいませ
ボー
ぐあいが悪い？いやなことでもあった？
おそかったわね!!
いつも
もう少し
……いつも…か寂しい？愛されたい!?
すてきな結果が出るだろう

25

正しさより思いやりを選ぶ

そんなときは
この人と
どんな
人間関係を
築きたいのか
自問してみるんだ
気分よくなれる
平和な関係を
築きたい
喜びを共有
することを
目標にしたい
と思うなら
自分の正しさ
よりも
思いやりを
選ぼう
手伝うよ
次にだれかと
話すときが
チャンスだ！

26

人はそれぞれにちがうことを理解する

私たちはそれぞれちがうんだという事実を理解して
全然ちがうね
おもしろいね
敬意をもつことが大切
ちがう行動ちがう反応は当たり前
よろしくお願いします
そうすれば自分自身や他人にたいして共感できるようになる
ちがうけど
自分
他人
同じ大切さ
争いだって
どちらもまちがってないんだ
ちがっているだけなんだ
それぞれが唯一無二の存在なんだ

27

人の意見のなかには一粒の真実がある

意見を聞くって？
なにか学んだ？
えっ
このなかに本当に真実はなかった？
人の意見からまちがいを探そうとするより
一粒の真実を見つけようと努めてみよう
あった！
相手のことを理解でき
こういう考え方するのか…
相手も好感をもてる
もう少し考えてきます!!
うまくいきそうだ
真実を見つけだそう

28

身近な人こそ教えてくれる

恥ずかしさや不安
頑固さやプライドから
心を閉ざして
せっかくの
チャンスを
失っていない？
うるさい
バタン
ほんのちょっとの
勇気と謙虚さで
いいんだ
そーっ
父さん　その
アドバイス
頼めるかナ…
喜んで
協力するよ!!
きっと教えてくれる

29

親切のお返しは心のぬくもり

親切な行為に
参加したことで
生まれる豊かな
感情こそが
報酬なんだ
お返しを
期待しないで
なにかしてあげる
ことは簡単
あら！
掃除して
くれてる!!
わあー
誰が
作って
くれた
の??
その心のぬくもり
こそがお返しなんだ

30

人のせいにするのをやめる

人や環境にたいする反応に責任をもつんだ
家が汚ければ自分で掃除する
ズズーッ
赤字のときは自分が節約する
プチ
OFF
いちばん大切なのは
自分が不幸せなとき自分を幸せにするのは自分しかいない と言いきかせることだ
自分の幸不幸は自分でコントロールできるんだ
いらないものいっぱい…
ポイ
ゴミ
大切
私がつくったゴミ…
イラ
イラ
自分で選択するんだ
できた！
ゴミ

第3章

やってみよう

31

「人生は非常事態ではない」ととなえる

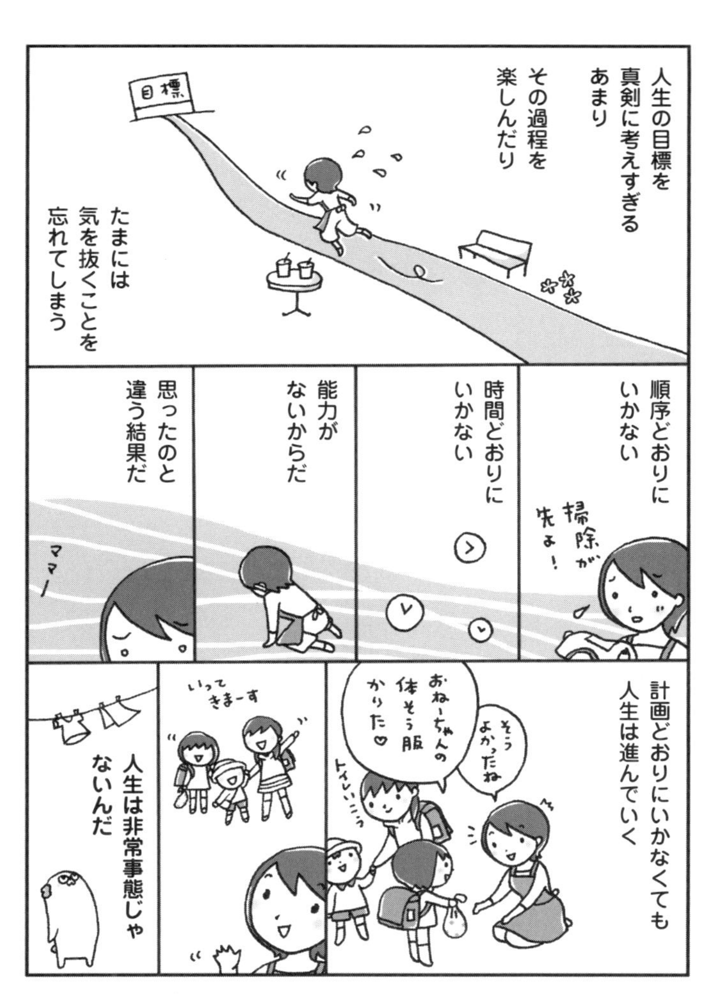
人生の目標を
真剣に考えすぎる
あまり
その過程を
楽しんだり
目標
たまには
気を抜くことを
忘れてしまう
順序どおりに
いかない
掃除が
先よ！
時間どおりに
いかない
能力が
ないからだ
思ったのと
違う結果だ
ママー
計画どおりにいかなくても
人生は進んでいく
おねーちゃんの
体そう服
かりた♡
そう
よかったね
トイレいこう
いって
きまーす
人生は非常事態じゃ
ないんだ

32

知らない人にほほえみ、目を合わせてあいさつ

思いやりを
寄せて
ほほえんだり
目を合わせたり
してみれば
気づくはず
みんな家族があり
愛する人がいて
悩みや不安をかかえ
好きなことや嫌いなことが
あるんだ
BUS
自分と同じように
すべての人に
純粋さが
あることに
気がつく
プシュー
にこっ
にこっ
ほほえんで
みよう

33

思いを伝えるのは今日しかない

先輩
尊敬してます
愛しているよ
親友よ
あなたのこと
大切に思ってる
お母さん
いつも
ありがとう
そんな言葉を
もらったら
あなたは
どう感じる？
手紙に
する？
それ
なら…
返事が
来た!!
いま
伝えよう

34

謙虚になる練習をする

いつも正しいのは
自分だ　とか
すべて自分の
手柄にしよう
としている
そうして
ないと
不安??
いつもの
ボク…?
みんな
どこ??
そして
疎まれて
しまう
自慢する
必要なんて
ないんだ
暑くない?
似合って
ないよ…
そう
だね…
ぬぐよ…
自慢しなくても
自信はもてる
成功の
喜びは
自分の
中にある
それが
純粋な
謙虚さ
人から認められ
なくても
かまわないんだ
君に
ピッタリだ

35

ゴミ当番はだれの番か迷ったら、自分が行く

自分の正しさを
主張すること
あっ…
こぼれちゃったじゃないか…
ゴミ
あなたが
何度か多く
ゴミを出す
ことも
重要じゃ
ない
ゴミ
ゴミ出し
みたいな
小さな
ことで
くよくよ
するのを
やめれば
ポイ
本当に重要な
ことについやす
時間とエネルギーを
つくり出せるんだ
あ〜
ゴミ出しゴメ〜ン
ありがとう!!
いってらっしゃ〜い
いって
きま〜す
ゴミ
自分で
行って
みよう
ゴミ
ゴミ

36

毎朝だれかの幸せを願う

チュン
チュン
うーん
えーっと
愛する人
愛する人
だれでも
いいんだ
意識を
愛に向け
るんだ
今日も
いい一日に
なりますように…
スッキリ♡
りんご
おいしい♡
まぶしい♡
だれかの
幸せを
願って
みよう

37

自分なりの手助けをする

穏やかで
心豊かな
日常を
送りたい
なら

コロコロ…

小さな
手助けを
してみて

ハイ

ちょっとした
親切で

ありがとう!!

自分も
気分いい

たとえば
ゴミ拾い
でもいい
ヒョイ
気軽にできて
人の役にたつ
ものがいい
ドアを開けて
待つ
人の戸口の
雪かきを
する
老人ホームに
慰問に行く
楽しいし
いいこと
したと
思えて
また
来てね～
いいお手本
にもなる
私も
やって
みたいです
みんなが
喜ぶ

38

毎日少なくとも一人、いいところをほめる

それじゃあ
ほめたことは
ある？
……
その人のいいところを
伝えるのは簡単に
できる
よくがんばってるねー
バッティングうまくなったな
この企画いいよー
やさしい
思いやりを
示すこと
相手のいいところに
目を向ける行為だ
パパ
やさしいところが好き♡
ありがとう
いいところを
ほめてみよう
かわいいね♡

39

頑固な思い込みを五つ書き出そう

ボクは頑固じゃないからやってみよう
女性は浪費家？
ホラまたそんなに買って!!
あらちゃんと計画たてて予算内で買ってるわよ
ムムムたしかに…
あなたこそあの車！
使いにくいし故障は多いし結局買いかえなきゃでしょ!!
家計
浪費家はボク!?
ちゃんとみえてなかった？
グリッグリ
思い込み
次の車相談にのってくれる？
もちろん！
でもかっこいいのがいいなー
それだけじゃだめよー
その頑固な思い込みを捨ててみよう
クシャクシャ

40

話す前に息を吸う

早く話終わらないかなー話したいこといっぱい…
チャンス
私の話す番まだかなーチャンスを逃さないように…
そうっ？ところで私のコトなんだけど聞いて聞いて!!
チャンス
でねっ
でね私がねっ
私だったら
私は
こうよ
ちょっと待って
これは話し合いじゃなくて打ち合い？

いつのまに？
相手の話がすっかり終わるのを待って
批判
不快
過剰反応
誤解
ちょっと息をついてみて
スー…ッ
忍耐と客観性が生まれる
フーッ
人の話をじっくり聞いてあげることは
おちついて聞こう…
とても貴重な贈り物なんだ
話を聞いてくれるの？
スッ
次はあなたの番よ!!話して!!
スッ
！
ひと息いれてみよう

41

ちがう視点の記事や本を読もう

私たちはいつもそれぞれ自分の意見や見方の正しさを確認し続けている
これが正しいんだ!!
この新聞も
本にも
このTVで
TVでも
こっちが正しいわよっ
ちゃんとみて!!
こっちの新聞に
本でも
交換してみよう
えっ
クルッ
むむむ…
クル
もしかして大発見!?
そうかそういう考え方もあるんだ…
ただ新しい考え方に心を開くだけでいい
視点を広げてみよう

42

一度に一つのことしかしない

ふいてる ふいてる
ケータイも なってる～
ちゃんと もって…
グツ グツ
RRR
どれも中途半端
目の前のこと 一つに集中してみて
一つ!?
皿洗い
子どもと遊ぶ
電話
雑誌を読む
退屈なことも集中すれば楽しんでできるし
よりキレイに洗う方法発見!!
能率よく仕上がる
料理までできた!!
さあ 今日は お客様とゆっくり話そうね
ピンポーン
一度に一つのことしかしない

43

十まで数えろ！

ワー
ギャー
ギャーク
ギャー
ギャーク
ムムッ
こっ…
ムムムッ
ちょっと待って
?
ポン
怒りを感じたときは
とりあえず十まで数えてみて
?
1 2 3 4 5 6 7 8 9 10
10?

まず
深呼吸しながら
スーッ
心の中で
一つと
言う
次に
息を吐きながら
フーッ
全身をリラックス
それを
二つ　三つと
十まで続ける
1
2
3
4
5
6
7
8
9
10
すごく腹が
たったなら
二十五まで
ゆっくり
呼吸しながら
数えると
穏やかな気持ち
客観的な視点が
取りもどせる
怒
怒
怒らなくても
もう仲直り
してる…
十まで
数えよう

44

早起き鳥になる

早く早く
パパいってらっしゃい
ママまだー？
いってきます
ただいまー
あー疲れた…
今日も忙しかった…
さっさと寝なくちゃ…
もっとやるべきことがあったはず
ムクッ
毎日日常に流されるばかり

睡眠をちょっぴり減らして自分のための時間をつくってみよう
キュルキュル
クルッ
あれ…
まだ4時だ……
起きてみるか
まだだれも起きてない……『私の時間』だ!
充実し
余裕が生まれる
おはよう
コーヒー入ってるよ
あら早いわね
おはよう
早起き鳥になってみよう

45

植物をかわいがる

どんな相手でも
無条件に
愛することは
とても
難しい
動物相手でも
そう…
かわいー
きゃー
わたしの
お気に入り…
ガブッ
その点
植物はいい
そのままで
愛することが
できる

花が咲いても
咲かなくても
すくすく
伸びても
枯れても
愛を
注ごう
無償の愛を
注ぐとき
自分が
どう感じるか
その心地よさに
気づいたら
周りの人たちにも
注げないかどうか
ためしてみよう
ありのままの
その人を
愛せるように
植物は
すばらしい
先生

第4章
もっと気楽に

46

一年たてば、すべて過去

うーん そう言われてみると…
たいしたことないのかも
いつもの些細なことかもしれない…
どうしてあんなにイライラしてたんだろう
どんな問題も一年たてば気にならなくなるはずだよ
苦しいときはこの『タイムワープ』ゲームをやってみよう
怒ったりあわてたりで使いはたしていたエネルギーは
大切な人と過ごす時間や前向きに考えることに使おうね
そうか… 一年たてば…
一年たてば すべて過去

47

人生は不公平、が当たり前

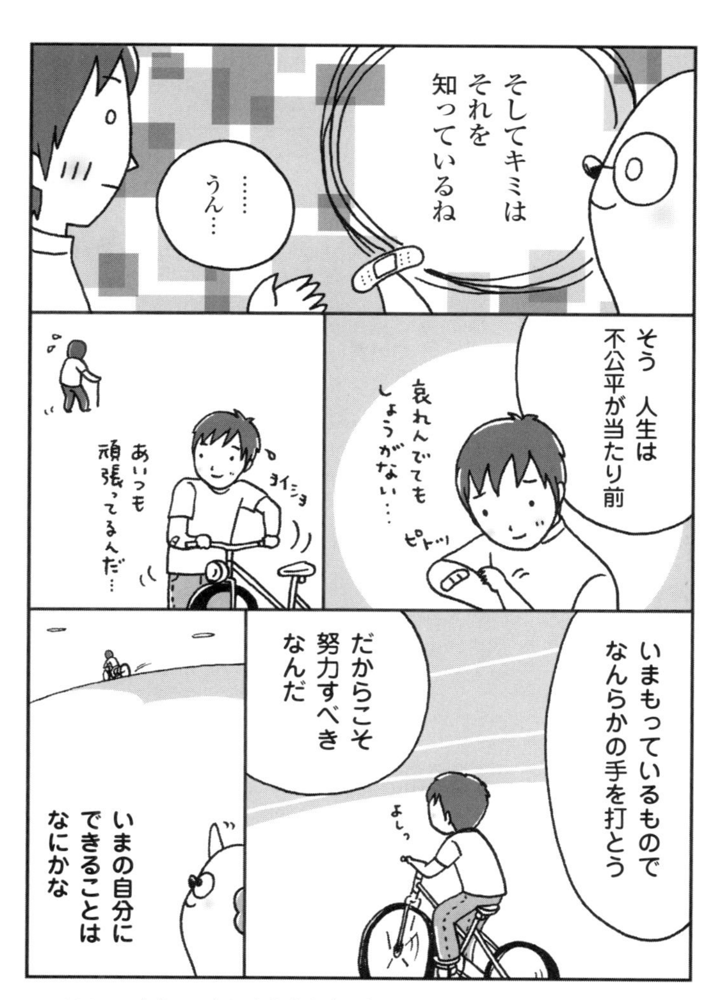
そしてキミは
それを
知っているね
……
うん…
そう 人生は
不公平が当たり前
哀れんでも
しょうがない…
ピトッ
あいつも
頑張ってるんだ…
ヨイショ
いまもっているもので
なんらかの手を打とう
だからこそ
努力すべき
なんだ
よしっ
いまの自分に
できることは
なにかな

48

たまにはぼんやりしてもいい

外をながめたり
自分の考えや
感情を
見つめたり
頭を
カラッポに
すると
退屈は
くつろぎに
変わる
ふわ
ふわ
ふわ
リラックス
するコツが
身につく
毎日たえず
なにかを
しなければ
という大きな
プレッシャーも
なくなる
頭のおそうじ
できたわ
スッキリ♡
ぼんやり
してみよう

49

人生はテスト。ただのテストにすぎない

テスト?
テスト
Q1……
なぜこれが起きたのか
どんな意味があるのか?
乗り越えるにはどうすればいいのか?
なにもかも完璧にやりとげようとするからできない?
あっのりこえた!
このやり方他でも使えるぞ!
あるがままの現実を受け入れたらいいんだ
また新しいチャンスだね
そこからなにかが学べるはずだ
人生はただのテスト

50

落ち込みは優雅にやりすごす

かえって
深みにはまってない？
あわて
なくても
落ち込みは
やがて消える
ときには
落ち込むことも
あると割りきる
優雅に
対処すれば
優雅に
抜け出せる
リラックスして
受け入れる
夕日だ
スッ

51

いま、リラックスする

リラックスは
いま　できるんだ
いま…!?
いまって
仕事に
約束も
やること
いっぱいだ!!!
それらにどう
反応するかは
キミ次第なんだ
うん…
どれも
緊急じゃ
ないし
イライラすると
うまくいかない…
心のもちようで
リラックスできるんだ
ふわっ
そして
リラックスは
創造性と
仲よし
おちついてると
集中できる!
いま
リラックス
する

52

予定の変更にあわてない

予定がキャンセルされた

怒

予定表

予想より時間が少ない

焦り

計画の変更を余儀なくされた

ムカ

ムカ

ムカ

思ったより収入が少ない

不安

○○銀行

人がやると言ったことを実行しない

イラ

イラ

予定外のことが起きた

不満

パパー遊ぼー

日課のジョギングに行こうと思ってたのに

イラ

イラ イラ

えっ いま?

さてどっちがより重要?

計画

どっちって… そりゃ
計画どおり…
で なくて いいか…
ワク ワク
優先順位の 問題さ
よかったね
かたくなさより 融通性を 優先するほうが
何して 遊ぶ？
かけっこー
より 心が穏やかに なれる
計画や目標に 余裕を もたせると
速く なったなー
キャー
いざというとき あわてない
やっと おいついた…
お友だち 来たから あそんで くるー
じゃね パパ
おー じゃパパは ジョギング いってくるよ
多少の変更は つきものさ
オットット

53

気を抜くことも大切だ

バック!?
少しの
退歩は
悪いことじゃない
チャンスだ
イラ
イラ
人生に
失敗は
つきもの
何が
チャンス?
バック
バック
少し
気を
抜いて
バタン
ちがう道も
まだまだ
ある
失敗しても
そこから
始めれば
いいんだ
たまには
気を
抜きながら…ね

54

グラスはすでに壊れたとみなす

その教えは
平和をもたらす
お気に入りのグラス
割れてしまったら
パリーン
いずれはこうなる
すべてのものは
壊れると
知っていれば
そうなったときも
驚いたり
失望しないですむ
それをもっていた
時間に感謝する
あるがままに
受け入れる
おいしい♡
そういうこと

55

どこに行っても自分と道連れ

自分がいまいる場所に意識を向けるんだ
ボクの車…
ないものねだり
欲求不満
くよくよ
悪いほうにとる
すぐイライラ
君のくせだね
これがボク!?
これではどこに行っても同じ
そりゃそうだ…
自分が穏やかであればどこに行ってもだれと出会っても穏やかでいられる
どこに行っても自分と道連れ

56

幸せはいまいる場所にある

人生はどんどん進んでいくんだよ
あなたが幸せになるのは…
いまだ
えっ？でもすごくタイヘンなの
テスト
進路
部活
あこがれの人
家族
友達
タイヘンなのではなくチャレンジに満ちているんだよ
チャレンジに満ちている…
新しいこと覚えられる！
がんばったから満足
告白してみようかな♡
友達とまたひとつ思い出ができた
そう自覚してとにかく幸せになろうと決めるのがいちばんだよ
そうなのか…
幸せはいまいる場所にある

57

目先の問題は、またとない教師

思い切って
教師と
みなしてみよう
クルッ
敵じゃ
ない…？
注意深く
忍耐強くなれ　と
自分の欲望　羨望(せんぼう)
不注意　狭量が
原因では？　と
教えてくれている？
そこから
なにかを
学ぼうと
言いきかせてみて
問題

58

百年後は、すべて新しい人々

百年後にどんな意味が？
百年後？
そんな先オレたちだれももう生きてない
そう
百年後にはだれも今日のことを覚えてる人はいなくなるんだ
よくある話さ
そうだもっと大切なことが
大したことないか…
前にもあったナ…
百年後は…

人生を愛で満たそう

自分の人生には
愛が足りない
だれも
愛してくれない…
この世界には
愛が足りない
なんて
ヒドイこと…
NEWS
そんな
ときは
自分の心の中を
のぞいてみて

自分が
愛の源に
なれないか
自分や
他人を
慈しみ
その慈しみを
外の世界へ
拡大できないか
愛してくれるのを
待つのではなく
自分から
親切や愛情深さ
を示せば
いつのまにか
人生が愛で
満たされる
ことに
気づくだろう
愛の報酬は
愛だということ
愛で満たそう

60

「いちばん大切なことはなにか？」

ガバッ
いっいちばん
大切なこと
……!?
最大のエネルギーを
注ぐ場所はどこだ?
優先順位は?
おはよう
おはよう
パパ
軌道から
ずれてない?
目標に近づく
行動を選択し
愛情ある決断を
するためにも
いちばん
大切なことは
なにか?

z Z

エピローグ

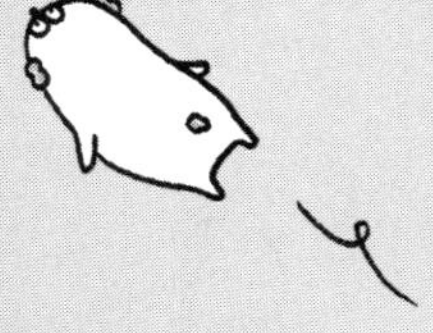

いろいろやることが多くて疲れちゃった…私どうなっちゃうんだろう…
不安
ハッ
いい天気…気持ちいい
いまこの瞬間の私は幸せなんだ
過去や未来のことで悩むのはやめて
フッ
いまを精一杯生きよう
部長めあんな言い方しなくてもっ
怒り
ムカムカ
ハッ

部長が赤ん坊や老人になったところを想像してみたら…
ギャ
ギャ
フッ
別に気にするほどのことじゃないか
午前中に掃除と洗濯が終わらなかった…私ってダメね…
悲しみ
どうしたの？
でも自分で自分を追いこんでいるだけかも…
キャ
キャ
フッ
自分で決めた計画なんだからたまには変更しても大丈夫よね

人生は
不公平だ
思うように
ならない
ことばかり
欲求
不満
イライラ
ハッ
でも
ニコッ
当たり前の
ことなんだ
みんな
そんな世界で
がんばってる…
オレ
だって
フッ
ストレスと戦うんじゃ
なくて　うまく
受け流す考え方が
身についてきた
みたいだね

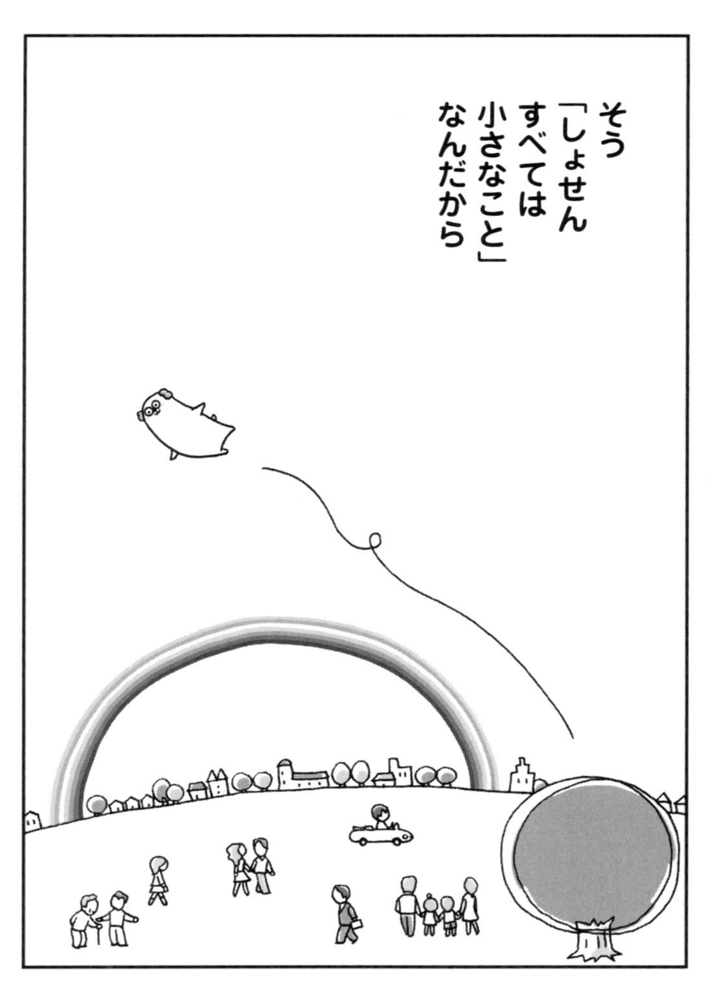
そう
「しょせん
すべては
小さなこと」
なんだから

マンガで読む　小さいことにくよくよするな！

2017年11月15日　初版発行
2024年 3 月30日　第2刷発行

原作　リチャード・カールソン
訳者　小沢瑞穂
作画　マツカワチカコ
制作　トレンド・プロ
発行人　黒川精一
発行所　株式会社サンマーク出版
東京都新宿区北新宿2-21-1
電話 03-5348-7800

（単行本　2010年10月　サンマーク出版刊）

フォーマットデザイン　重原 隆
カバー＆本文デザイン　永井 貴（トレンド・プロ）
印刷・製本　株式会社暁印刷

落丁・乱丁本はお取り替えいたします。
定価はカバーに表示してあります。
ISBN978-4-7631-6094-2　C0130

ホームページ　https://www.sunmark.co.jp